그림으로 읽는

제2차 세계대전 ③

동유럽전쟁의 발발

第二次世界大战史连环画库 8, 9

그림으로 읽는
제2차 세계대전 3

초판인쇄 2016년 10월 10일
초판발행 2016년 10월 10일

글 가오핑중高平仲
그림 쑨샹양孫向陽, 주쉐룽朱雪榮, 쉬위쥐안徐玉娟
옮긴이 한국학술정보 출판번역팀
번역감수 안쉐메이安雪梅

펴낸이 채종준
기 획 박능원
편 집 박미화, 이정수
디자인 이효은
마케팅 황영주

펴낸곳 한국학술정보(주)
주소 경기도 파주시 회동길 230(문발동)
전화 031 908 3181(대표)
팩스 031 908 3189
홈페이지 http://ebook.kstudy.com
E-mail 출판사업부 publish@kstudy.com
등록 제일산-115호 2000. 6. 19

ISBN 978-89-268-7472-1 94910
978-89-268-7466-0 (전 12권)

그림으로 읽는

제2차 세계대전 ③

동유럽전쟁의 발발

글 · 가오핑중(高平仲) 외

그림 · 쑨샹양(孫向陽) 외

이담Books

전역별 지도

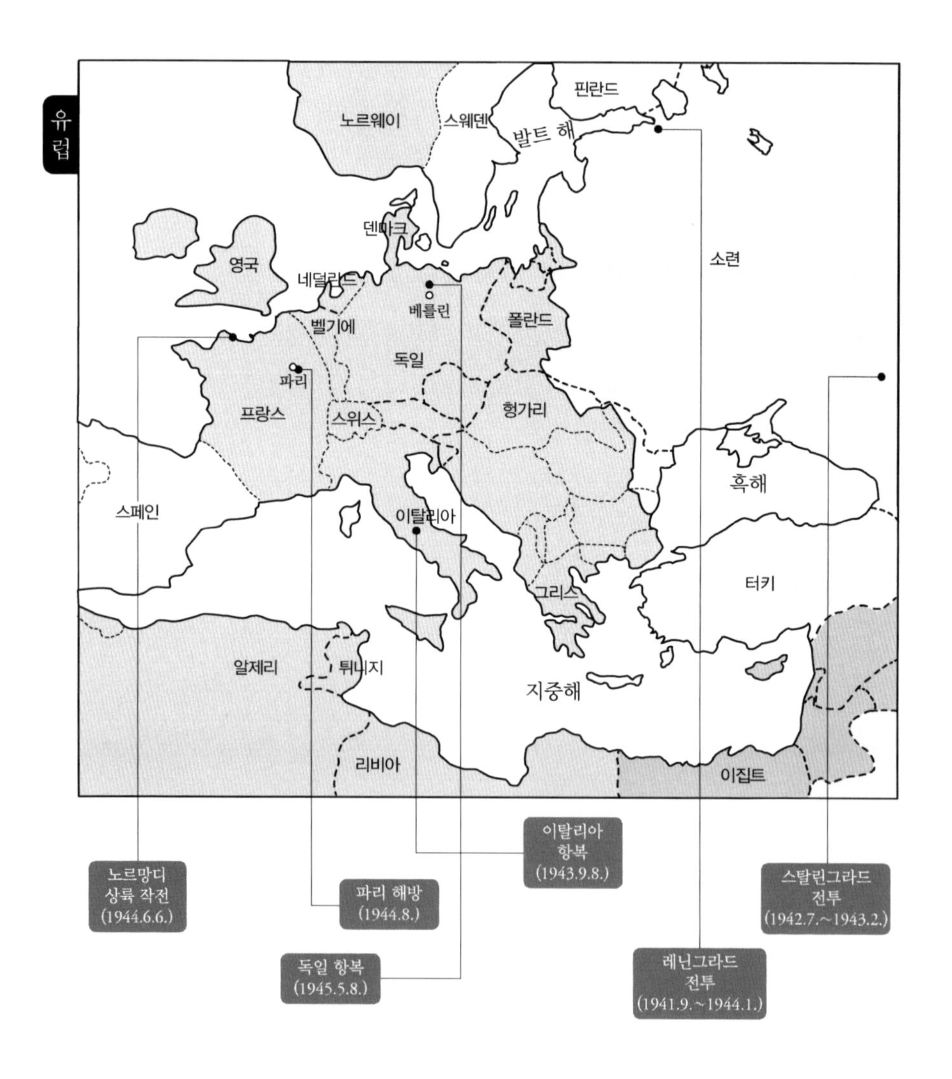

유럽
핀란드
노르웨이
스웨덴
발트 해
덴마크
영국
네덜란드
소련
베를린
벨기에
폴란드
독일
파리
프랑스
스위스
헝가리
흑해
스페인
이탈리아
터키
그리스
알제리
튀니지
지중해
리비아
이집트
이탈리아 항복 (1943.9.8.)
노르망디 상륙 작전 (1944.6.6.)
파리 해방 (1944.8.)
스탈린그라드 전투 (1942.7.~1943.2.)
독일 항복 (1945.5.8.)
레닌그라드 전투 (1941.9.~1944.1.)

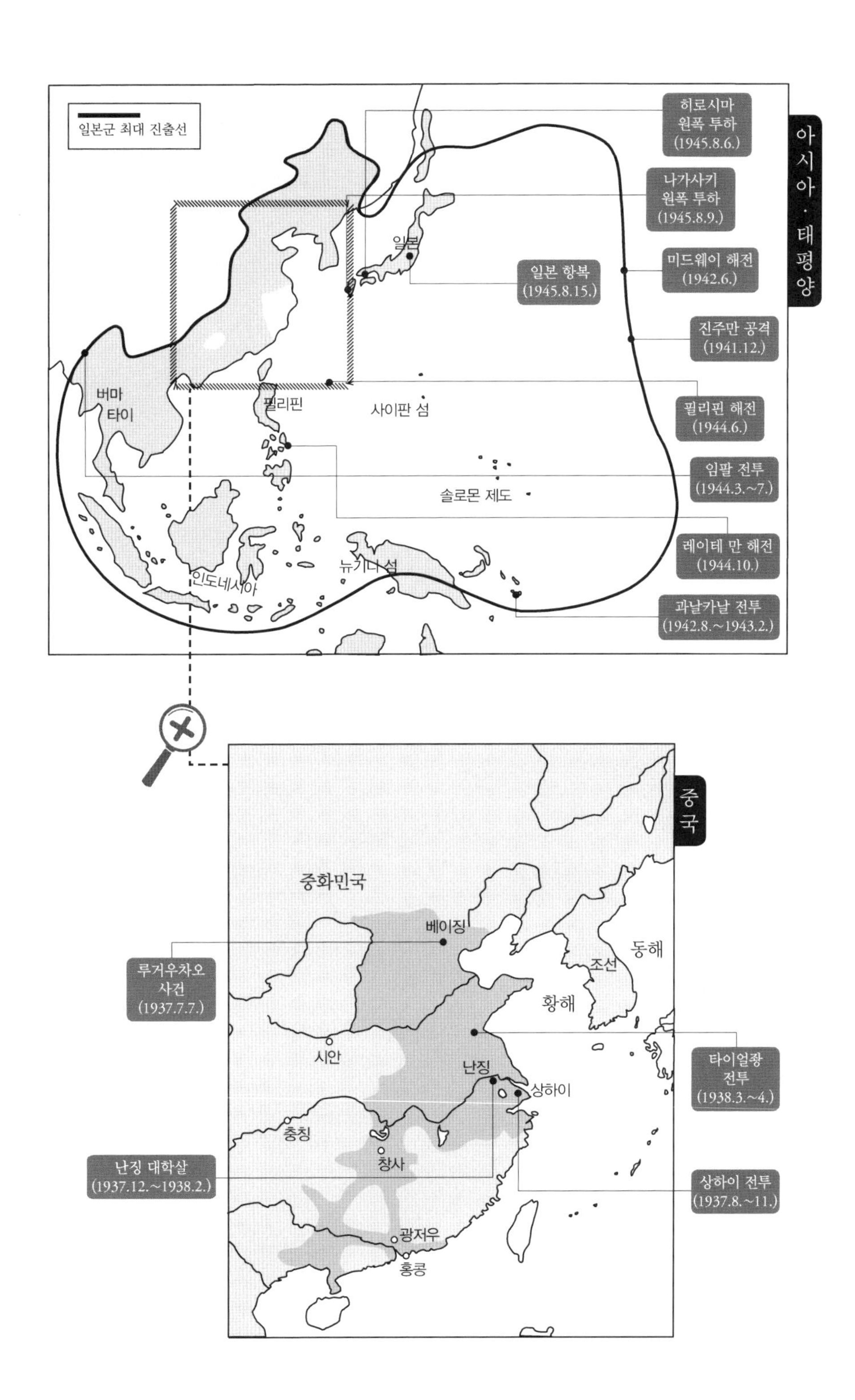

일본군 최대 진출선
아시아·태평양
히로시마 원폭 투하 (1945.8.6.)
나가사키 원폭 투하 (1945.8.9.)
일본
일본 항복 (1945.8.15.)
미드웨이 해전 (1942.6.)
진주만 공격 (1941.12.)
버마
타이
필리핀
사이판 섬
필리핀 해전 (1944.6.)
임팔 전투 (1944.3.~7.)
솔로몬 제도
레이테 만 해전 (1944.10.)
뉴기니 섬
인도네시아
과날카날 전투 (1942.8.~1943.2.)
중국
중화민국
베이징
루거우차오 사건 (1937.7.7.)
동해
조선
황해
시안
난징
상하이
타이얼좡 전투 (1938.3.~4.)
충칭
창사
난징 대학살 (1937.12.~1938.2.)
상하이 전투 (1937.8.~11.)
광저우
홍콩

머리말

1945년 9월 일본 군국주의의 '무조건 항복'으로 막을 내린 제2차 세계대전이 종식된 지도 40여 년이 지났다. 세계대전이라는 대참사를 겪은 사람들 대다수는 피비린내 나던 그 세월을 잊을 수 없을 것이다. 제2차 세계대전은 유럽, 아시아, 아프리카, 오세아니아 등을 휩쓸었으며, 당시 전 세계 인구의 4분의 3에 달하는 20억 이상이 전쟁에 휘말렸다. 정확한 통계는 어렵지만, 사망자는 대략 5천만 내지 6천만으로 제1차 세계대전과 비교해서 4배가 넘었으며, 전쟁에서 소모되거나 파괴된 자산은 무려 4천억 달러에 이른다. 주요 전장(戰場) 중 한 곳이었던 중국은 일본 파시즘과의 장기전에서 커다란 희생을 치르고 마침내 승리할 수 있었다. 이 승리는 광명이 암흑을 몰아낸 승리이자 정의가 불의를 이겨낸 승리였는데 평범치 않은 역사에는 뒷사람들이 기리는 빛나는 사적과 더불어 몸서리쳐지는 잔혹한 범죄들도 존재했다. 오늘날 이 모든 것은 한 가닥 연기처럼 사라져 기억 속의 옛 자취가 되었다. 그러나 이러한 역사가 되풀이되지는 않을까? 또다시 똑같은 참사가 발생하지는 않을까? 이와 같은 고민은 전쟁의 상처를 고스란히 떠안은 우리 세대와 평화를 사랑하고 정의를 추구하는 개개인이 진지하게 심사숙고해야 할 문제이다.

중국연환화출판사에서 발간한 『제2차 세계대전사 연환화고(連環畫庫)』는 더 많은 독자가 제2차 세계대전의 전반적인 역사를 이해하기 쉽도록 풍부한 그림과 글로 세계대전의 전체 과정과 그중 중요한 전투를 재현했다. 일찍이 루쉰(魯迅) 선생이 '계몽의 예리한 도구'라 극찬한 연환화(連環畫)*는 중화인민공화국 수립 이후 지난 40년간 신속한 발전을 가져와 대중들에게 중요한 정신문화로 자리 잡았다. 독자층이 넓어지고 제재도 풍부해지면서 형식과 표현에서 진일보한 연환화는 예술적 감상과 오락적 기능을 넘어 지식을 전달하거나 교육 자료로 이용되는 등 여러 방면에서 활용되고 있다. 아무쪼록 본 시리즈가 독자들이 역사적인 사실을 배우고 이해하는 데 도움이 되길 바라며, 전쟁 도발자들의 추악한 면모와 야욕을 알고 평화와 정의를 수호하는 일이 얼마나 위대한 것인가를 깨닫기 바란다.

1989년 12월

장웨이푸(姜維朴)

---

* 연환화(連環畫): 여러 폭의 그림으로 이야기나 사건의 전체 과정을 서술하는 회화를 말하며 연속만화, 극화(劇畫)라고도 한다. 20세기 초 상하이에서 발전하기 시작했으며 문학작품을 각색하거나 현대적인 내용을 제재로 한다. 간단한 텍스트를 엮은 후 그에 걸맞은 그림들을 그리는데, 보통 선묘를 위주로 하며 간혹 채색화도 있다.

차례

연표

1929년

10.24. 뉴욕 증시 대폭락으로 세계 경제대공황 시작

1931년

09.18. 만주사변(~1932.02.18.), 일본 승리

1933년

01.30. 히틀러, 독일 수상에 취임
03.04. 루스벨트, 미국 대통령에 취임

1937년

07.07. 루거우차오 사건(~07.31.), 일본 승리
08.13. 상하이 전투(~11.26.)
12.13. 일본의 난징 점령과 대학살(~1938.02.)

1938년

03.12. 독일, 오스트리아 합병
03.24. 타이얼좡 전투(~04.07.), 중화민국 승리
09.30. 뮌헨 협정(영 · 프 · 독 · 이)

1939년

03.15. 독일 체코슬로바키아 해체, 병합
08.23. 독일 · 소련 불가침조약
09.01. 독일의 폴란드 침공으로 제2차 세계대전 발발
11.30. 소련 – 핀란드 겨울 전쟁(~1940.03.13.)

1940년

05.10. 처칠, 영국 총리에 취임
05.26. 영 · 프 연합군의 됭케르크 철수(~06.03.)
09.27. 독일 · 이탈리아 · 일본 3국 동맹

1941년

06.22. 독일의 소련 침공으로 독소전쟁 발발
09.08. 레닌그라드 전투(~1944.01.27.), 소련 승리
12.07. 일본의 진주만 공습(태평양전쟁 발발)

1942년

01.31. 싱가포르 전투(~02.15.), 일본 승리
06.04. 미드웨이 해전(~06.07.), 미군 승리
07.17. 스탈린그라드 전투(~1943.02.02.), 소련 승리
08.07. 과달카날 전투(~1943.02.09.), 연합군 승리

1943년

09.08. 이탈리아 항복
11.22. 카이로 회담(1차 11.22.~26. / 2차 12.02.~07.)

1944년

03.08. 임팔 전투(~07.03.), 연합군 승리
06.06. 노르망디 상륙 작전
06.11. 사이판 전투(~07.09.), 미군 승리
06.19. 필리핀 해전(~6.21.), 미군 승리
08.26. 파리 해방
10.23. 레이테 만 해전(~10.26.), 연합군 승리
09.15. 펠렐리우 전투(~11.27.), 미군 승리
12.16. 벌지 전투(~1945.01.25.), 연합군 승리

1945년

02.19. 이오 섬 전투(~03.26.), 미군 승리
03.10. 미국의 일본 도쿄 대공습
04.01. 오키나와 전투(~6.23.), 미군 승리
04.28. 무솔리니 공개 처형
04.30. 히틀러 자살
05.08. 독일 항복
08.06. 히로시마 원자폭탄 투하
08.09. 나가사키 원자폭탄 투하
08.15. 일본 항복

인물 소개

이오시프 스탈린

(Iosif Vissarionovich Stalin, 1879.12.21. ~ 1953.3.5.)

소련의 군인이자 정치가로, 1924년부터 소비에트 연방 최고 권력자의 자리에 올라 죽는 순간까지 레닌이 붙여준 '스탈린(강철의 인간)'이란 별명에 맞는 독재 정치를 실시했다. 제2차 세계대전 당시 독일과 불가침조약을 맺은 지 채 2년도 되지 않아 독일이 기습 침공해오자 제대로 대응하지 못해 소련 중심부까지 독일군의 진격을 허용했다. 그러나 자국 포로나 민간인 – 심지어 자신의 아들마저도 – 을 희생시키는 비인간적이면서 과감한 결단은 결국 소련을 전쟁에서 승리하게 만들었다. 공포 정치로 집권 기간에는 황제, 신으로까지 추앙을 받았으나 사후에는 공산주의를 변질시킨 독재자로 재평가받았다.

뱌체슬라프 몰로토프

(Vyacheslav Mikhailovich Molotov, 1890.3.9. ~ 1986.11.8.)

러시아의 정치가이자 외교관으로, 스탈린의 열렬한 지지자였다. 스탈린의 1939년 외무인민위원으로서 독소불가침조약(몰로토프–리벤트로프 조약)을 체결했고, 제2차 세계대전 전후 소련의 외교 정책을 주도했다. 스탈린 사후 탈(脫)스탈린화를 추진했던 니키타 흐루쇼프(Nikita Khrushchyov)와 대립각을 세워 좌천당했다.

아돌프 히틀러(Adolf Hitler, 1889.4.20. ~ 1945.4.30.)

독일 노동자당(후일 나치스)에 입당해 군인에서 정치인으로 변모한 후 뛰어난 웅변술과 선동으로 당세를 넓혀 1934년 국가 원수가 됐다. 1939년 9월 1일, 폴란드를 침공함으로써 제2차 세계대전을 일으켰고, 유태인 말살 정책 등 참혹한 전쟁범죄를 저질렀다. 전쟁 초기에는 유럽 대부분을 점령했으나 연합군과의 전쟁, 스탈린그라드 전투에서 패한 후 패색이 짙어지자 1945년 4월 30일, 베를린에서 자살했다.

요아힘 폰 리벤트로프

(Joachim von Ribbentrop, 1893.4.30. ~ 1946.10.16.)

독일의 정치가이자 외교관으로, 제1차 세계대전 때는 장교로 참전했었다. 종전 후 사업가로 큰 성공을 거뒀고, 1932년 나치스에 입당해 외교 고문으로 활동했다. 외무장관으로서 제2차 세계대전 직전 오스트리아 병합, 체코 병합, 독소불가침조약 등 각종 조약들의 협상과 조인을 담당해 제2차 세계대전이 발발하는 데 큰 역할을 했다. 종전 후 뉘른베르크 군사재판에서 사형 판결을 받아 처형당했다.

1938년, 유럽 '뮌헨 회의' 후, 영 · 프 정부는 독일에 대해 타협 정책을 실시함으로써 독일 파시즘의 대표 히틀러가 체코슬로바키아를 침략할 수 있게 하고 나아가 히틀러의 팽창 야심을 더욱 부채질하는 결과가 됐다. 히틀러는 적극적인 준비를 거쳐 '백색 작전'을 수립하고, 1939년 9월 1일, 전격전으로 폴란드를 침공했다. 폴란드와 동맹 조약을 체결했던 영 · 프 양국이 대독일 선전 포고를 했으나 군사 행동은 하지 않았고, 한 달도 채 안 되어 독일은 전체 폴란드를 점령했다. 이로써 제2차 세계대전이 발발한 것이다.

글 · 가오핑중(高平仲)
그림 · 쑨샹양(孫向陽)

그림으로 읽는 제2차 세계대전 ③

동유럽전쟁의 발발

독일의 폴란드 기습 침공 - '백색 작전'

1

1938년 9월 30일, 영 · 프 수뇌와 히틀러가 뮌헨에서 협정을 체결한 이튿날, 체임벌린 영국 수상은 런던으로 돌아왔다. 그는 비행기에서 내리면서 환호하는 군중을 향해 "영광스러운 평화를 가져왔다! 금후 한 세대의 평화는 보장됐다!"라고 외쳤다.

주변에서 그에게 히틀러는 신뢰할 수 없는 자라고 경고했지만, 체임벌린은 "이번엔 다를 것이다. 이번엔 그가 직접 나하고 약속한 것이다"라고 말하며, 강한 자신감을 나타냈다.

같은 날, 달라디에 프랑스 총리 역시 뮌헨에서 파리로 돌아와 국내 타협론자들의 환영을 받았다. 그들은 소리 높여 "달라디에 만세!", "평화 만세!"를 외쳤다. 평화의 외침소리가 영 · 프 양국의 창공에서 메아리쳤다.

체임벌린과 달라디에가 달콤한 평화의 꿈을 꾸고 있을 무렵, 히틀러는 1939년 3월부로 체코슬로바키아를 강점하고 은밀하게 침략의 마수를 영 · 프의 또 다른 동맹국인 폴란드로 뻗쳤다.

폴란드는 유럽 대륙 동쪽에 위치했는데 동쪽으로는 소련, 서쪽으로는 독일, 남쪽으로는 체코, 북쪽으로는 발트 해와 인접해 있었다. 히틀러에게 있어, 폴란드를 점령하면 독일의 세력 범위를 넓힐 수 있을 뿐만 아니라 후방에 위치한 영국과 프랑스에 대한 우려도 해소하고 동시에 폴란드를 발판 삼아 소련을 공격할 수도 있었다.

제1차 세계대전이 종식된 후 재건되기 시작한 폴란드는 독일에 점령당했던 포모제 · 포즈난 지역을 수복하고, 비스와 강에서 발트 해로 이어지는 폴란드 회랑과 단치히(현재 그단스크) 시를 얻어냈다. 이에 대해 히틀러는 줄곧 불만을 품고 있었다.

1938년 10월 24일, 리벤트로프 독일 외무장관은 히틀러의 계획에 따라 립스키 주베를린 폴란드 대사를 연회에 초청해 단치히를 독일에 반환하라는 무리한 요구를 했다가 곧바로 폴란드 정부로부터 단호하게 거절당했다.

1939년 3월 21일, 독일은 리투아니아의 메멜을 점령함으로써 폴란드를 정면에서 포위했다. 히틀러는 재차 단치히를 요구했고 이는 폴란드 국민의 분노를 불러일으켰다. 3월 26일, 폴란드 대사는 독일의 요구를 거절하는 내용의 외교 문서를 리벤트로프에게 넘겨주었다.

독일의 침공에 대비해 폴란드는 예비역을 모집하고 부분 동원령을 선포하는 동시에 부대를 단치히 부근에 집중시켰다.

독일과 폴란드 사이의 긴장감이 고조됨에 따라 폴란드 정부는 영 · 프 양국의 도움을 받기 위해, 1939년 3월 22일 베크 외무장관이 쿠나드 주폴란드 영국 대사에게 즉시 폴란드 원조 협정을 체결할 것을 건의했다.

영 · 프 양국도 폴란드가 독일에 점령되면 자국의 안전이 위협받게 된다고 판단했다. 3월 31일, 체임벌린 영국 수상은 하원에서 만약 폴란드가 공격받으면 영 · 프 양국은 전력으로 폴란드를 지원할 것이라고 선포했다.

이 소식을 들은 히틀러는 노발대발했다. 그는 빌헬름스하펜에서 진행된 전투함 티르피츠 호 첫 출항 행사에서 영 · 프에 대해 추종하는 국가를 이용해 독일에 반대하지 말라고 경고하는 한편, 폴란드에 "대국(大國)을 위해 불 속에 있는 밤을 꺼내려는 자는 분명 자기 손에 화상을 입게 된다"라고 협박했다.

4월 3일, 히틀러는 정식으로 폴란드 침공에 관한 백색 작전 지령을 내리고, 독일군에 9월 1일 이전에 전투 준비를 모두 마칠 것을 명령했다.

백색 작전에 의하면, 독일군은 기습 공격하는 방식으로 폴란드 방어선을 돌파한 후 폴란드 서부와 남부의 공업 단지를 점령하고, 다시 중심 지역으로 진격해 폴란드군을 섬멸함으로써 보름 안에 폴란드와의 전쟁을 끝낸다는 것이었다.

이를 위해, 독일은 65개 사단의 약 150만 병력, 전차 2천 대, 대포 1만여 문, 비행기 2천여 대를 2개 집단군으로 나누어 전격전 방식으로 폴란드 동북, 서남 두 방향에서 폴란드 심장부로 돌격하기로 했다.

독일 북부집단군은 포메라니아와 동프로이센에 주둔해 단치히 회랑 내 폴란드군을 차단한 다음 동프로이센에서 남하해 동북 방향에서 폴란드 수도 바르샤바로 진격하기로 했다. 남부집단군은 브로츠와프와 슬로바키아 지역에서 먼저 폴란드 서남부 군대를 섬멸한 후 북진해 바르샤바를 포위하기로 했다.

히틀러가 폴란드 침공 계획을 확정했다는 소식을 전해들은 영 · 프 양국은 소스라치게 놀랐다. 자국의 안전을 도모하기 위해 양국은 만나서 정식으로 결맹하는 동시에 소련과의 회담도 준비했다.

4월 15일, 영 · 프 · 소 3국이 드디어 모스크바에서 회담을 시작했다. 영 · 프 대표는 일단 히틀러가 전쟁을 도발하면 소련은 반드시 영 · 프에 대한 원조 및 영 · 프 동맹국의 안전에 대해 책임이 있지만, 영 · 프는 소련 및 소련과 인접한 발트 해 국가에 대한 원조 의무가 없음을 분명히 했다. 이 때문에 양측은 합의에 이르지 못했다.

5월 23일, 베를린 총통 관저 내에서 히틀러는 군사수뇌회의를 열고 강하게 외쳤다. "적당한 시기에 즉시 폴란드를 공격한다. 만약 영국과 프랑스가 개입하면 전투는 주로 이 둘을 상대하게 될 것이다." "반드시 죽기를 각오하고 싸워야 한다. 진격만 있고 후퇴는 없다!"

7월, 유럽의 형세가 날로 위태로워지자 소련은 소 · 영 · 프 3국이 정치회담과 함께 군사회담도 진행할 것을 제의했으나 영 · 프 양국은 시간을 끌면서 소련의 제안을 무시했다.

히틀러는 전쟁이 시작됐을 때 양면 전쟁에 휘말리지 않기 위해 소련에 양국 관계를 개선하기 위한 협상을 하자고 거듭 요청했다. 8월 20일, 히틀러는 직접 스탈린에게 전화로 독소불가침조약 체결을 요구했다.

스탈린은 이번 사태를 놓고 책임 공방을 벌이고 있는 영 · 프의 기세를 꺾고, 독 · 이 · 일 파시즘에 대한 불안을 해소함으로써 시간을 벌어 전투 준비를 강화하기 위해 독일의 요구에 응하기로 결정했다. 8월 23일, 독 · 소 양측은 모스크바에서 '소독불가침조약'을 체결했다.

히틀러는 영 · 프가 소련과의 회담을 미루고 있는 동안 폴란드 침공 준비를 더욱 서둘렀다. 온 여름 내내, 독일의 무기 공장은 밤낮으로 쉬지 않고 전차, 비행기, 대포, 군함 등을 만들어냈다.

새로 모집한 독일 신병들에게는 '하계 훈련'을 진행했으며, 각 군 병과(兵科)는 백색 작전에 따라 적극적으로 행동했다. 7월 한 달 동안, 독일군은 네 갈래로 나누어 독일 · 폴란드 변경 남쪽, 가운데 및 동프로이센으로 이동했다.

폴란드 최고사령부 역시 독일 침략에 대비한 방어 계획을 수립했다. 우선 동프로이센과 인접한 변경에는 4개 보병사단과 2개 기병여단으로 구성된 집단군과 보르트노프스키 장군이 지휘하는 포모제집단군을 배치해 독일군의 동프로이센을 통한 침입을 막는 동시에 단치히를 지켜내어 독일군의 폴란드 회랑 돌파를 저지하기로 했다.

폴란드·독일 변경에는 바트라 강을 따라 체코 변경에 이르는 일대까지 쿠트세바 장군이 지휘하는 포즈난집단군을 배치해 룸멜 장군이 지휘하는 우치집단군, 쉴링 장군이 지휘하는 크라쿠프집단군과 함께 독일군이 바르샤바로 진격하는 것을 저지하기로 했다.

우치 · 크라쿠프 집단군 뒤로는 돔프-비에르나츠키 장군이 지휘하는 프로이센집단군이 배치됐는데, 이들은 주요 전역 방향에서 앞으로 나가 방어하는 임무를 맡은 제2진이었다.

남부 변경을 방어하기 위해 폴란드군은 타르누프에서 리보프 일대에 파브리치 장군이 지휘하는 카르파티집단군을 배치했는데, 이들은 방어선이 긴 까닭에 전투가 시작되면 소규모의 인원을 파견해 독일의 공격을 막을 수밖에 없었다.

이 밖에 크루코비츠-프셰지미르스키 장군이 지휘하는 모들린집단군과 피스코르 장군이 지휘하는 전략집단은 폴란드 최고사령부의 예비대로서 모들린, 바르샤바, 루블린 일대에 배치했다.

1939년 8월 23일, 히틀러는 전체 장병에게 8월 26일 폴란드 침공 명령을 하달했다. 대규모의 독일군이 독일 · 폴란드 변경으로 집결했다.

8월 25일, 히틀러는 영국과 폴란드가 정식으로 상호조약을 체결하고 프랑스도 영국과 유사한 협정을 맺었다는 것을 알고 형세가 독일에 불리하다고 판단, 26일 공격 명령을 취소했다.

며칠 후, 영 · 프가 실제적으로 전쟁에 개입하지 않을 것이라는 정보를 입수한 히틀러는, 8월 31일 정오, 주저하지 않고 제1호 작전 지령을 하달했다. "폴란드 침공 백색 작전을 9월 1일 새벽에 개시하라!"

8월 31일 저녁 무렵, 독일군 150만 병력이 폴란드의 최전방 방어진지로 이동해 출격 지점에서 이튿날 새벽녘의 전격전을 위해 대기했다.

독일 나치 친위대장 힘러는 이와 때를 같이해 자신이 획책한 글라이비츠 방송국 습격을 지시했다. 폴란드 병사로 위장한 독일 친위대 대원들이 독일 · 폴란드 변경에 위치한 독일 글라이비츠 방송국을 습격한 후 미리 준비한 죄수들의 시신을 놓아두었는데, '폴란드군'으로 위장시킨 사살된 병사였다.

폴란드군으로 위장한 친위대 대원들은 즉시 방송국을 점령하고 폴란드어로 3분가량의 반독일 방송을 한 뒤 사라졌다. 9월 1일 새벽, 이 사건을 빌미로 히틀러는 57개 사단 150만 명의 병사, 전차 2천5백여 대 그리고 비행기 2천3백 대를 동원해 폴란드를 기습 공격했다.

독일군 비행기는 폴란드의 주요 비행장, 중심 도시, 교통 요로, 통신 중추, 발전소, 행정 중심지 등에 대해 무차별 폭격을 가했다.

단치히 부두 인근 해상에 정박해 '우호 방문' 중이던 독일 전함도 갑자기 폴란드 해군 기지를 향해 포격했다.

폴란드에 잠입해 있던 독일 제5종대 간첩들도 연이어 활동을 개시했다. 그들은 교외에서 폴란드군으로 가장해 폴란드 변경에 침입한 후 군사 요충지를 빼앗고 다리를 폭파하는 등 교통을 마비시켰다.

도시에 잠입해 있던 제5종대 대원들은 즉시 방송국을 점거하고 허위 정보를 방송으로 내보내 폴란드 국민들을 혼란에 빠뜨렸다.

또한 군사 표적과 공중 수송 지점에서 신호를 보내 독일 비행기가 정확하게 폭격하고 낙하산병들이 안전하게 착지하도록 지원했다.

심지어 그들은 폴란드군 지휘 기관에 쳐들어가 무전기 설비를 탈취해 가짜 명령을 내려 폴란드군의 지휘 체계를 무너뜨렸다.

독일 공군은 다급하게 전투 준비를 마치고 이륙하려는 폴란드 공군 비행기 5백 대를 폭파했다. 비행장 지상 설비는 전부 파괴됐고 지상 근무자들이 죽거나 다치는 등 막대한 피해를 입었다.

폴란드군이 미처 운반하지 못한 수많은 대포, 자동차 및 군수품이 전부 파괴됐고, 대부분 지역은 연락이 끊겨 혼란은 더욱 가중됐으며, 군중들은 물밀 듯이 동쪽으로 피난을 가야만 했다.

독일군의 폴란드 침공은 체임벌린 영국 수상의 꿈을 깨뜨렸다. 영 · 프는 즉시 독일에 외교 공문을 보내 폴란드 침공을 중지하는 동시에 모든 독일군을 철수시키지 않을 경우 폴란드에 대한 의무를 이행할 것임을 알렸다. 이에 대해 히틀러는 거들떠보지도 않았다.

히틀러의 파트너인 이탈리아의 무솔리니 총리는 전쟁 준비가 미흡했던 관계로 성급하게 전쟁에 뛰어들지 않고, 9월 2일, 조정자의 신분으로 양측에 '제자리에서 휴전'하고 협상할 것을 제의하며 '뮌헨 경매'를 재현하려 했다.

히틀러는 영 · 프 양국이 경솔하게 전쟁에 개입하지 않을 것임을 이미 예상했기에 무솔리니의 '중재' 제의를 거절하고, 독일군에 계속해서 폴란드 내륙으로 진격하라고 명령했다.

9월 3일 오전 9시, 영국은 독일에 최후통첩을 보내 "만약 당일 오전 11시 전에 9월 1일 영국이 보낸 외교 공문에 대해 긍정적인 답변을 하지 않으면 독일에 선전 포고할 것"이라고 통보했다. 그러나 히틀러는 여전히 묵묵부답이었다.

당일 오전 11시, 영국은 독일에 대해 선전 포고를 했다. 6시간 뒤, 프랑스도 독일에 선전 포고한 데 이어 영 · 프 자치령도 잇달아 대독일 선전 포고를 했다. 제2차 세계대전이 유럽 대륙에서 전면적으로 발발한 것이다.

당시 독일과 프랑스 국경 지대에 영 · 프 연합군은 총 110개 사단이 있었던 반면 독일군은 오직 23개 사단밖에 없었으므로 영 · 프 연합군이 서쪽에서 공격한다면 독일군은 앞뒤를 동시에 상대할 수 없어 심각한 위험에 빠질 수 있었다. 그러나 영 · 프 군대는 상황을 주시할 뿐 아무런 행동도 취하지 않았다.

폴란드 정부가 거듭 영 · 프에 지원을 요청했으나 영 · 프 군대는 마지노 방어선 진지에 숨어 독일군 군용차가 독 · 프 국경 지대에서 질주하는 것을 구경할 뿐 총 한 번 쏘지 않았다. 영 · 프 연합군 총사령관 가믈랭 장군은 심지어 "반드시 적군이 먼저 공격할 때까지는 움직이지 마라"라는 명령을 하달했다.

영 · 프 공군 역시 독일에 대해 전혀 공습하지 않았다. 반대로 그들은 비행기를 파견해 독일 상공에 전단지를 살포함으로써 제2차 세계대전 중의 이상한 '가짜 전쟁'을 연출했다.

독일군은 폴란드가 고립된 기회를 틈타 전차를 앞세우고 병력을 집중해 폴란드 심장부로 신속하게 쳐들어갔다. 보크 장군이 지휘하는 북부집단군 소속 제3 · 4 집단군은 폴란드 북쪽의 동프로이센과 서북쪽의 포모제 방향에서 동시에 공격했다.

독일 제3집단군은 퀴흘러 장군의 지휘 아래, 첫날은 폴란드군의 방어선을 돌파했고 며칠 뒤 폴란드군의 저항을 물리치고 곧장 나레프 강으로 진격했다.

구데리안의 전차부대를 포함한 독일 제4집단군은 클루게 장군의 지휘 아래 전차와 오토바이 부대를 앞세워 폴란드군의 방어선을 돌파한 후, 9월 4일 비스와 강까지 쳐들어가 비드고슈치 시 부근의 각 부두를 점령했다.

9월 5일, 독일 제4집단군은 제3집단군과 그루지옹츠 지역에서 합류해 폴란드 회랑을 차단함으로써 폴란드 북쪽에서 폴란드군 후방을 공격할 주도권을 거머쥐었다.

이튿날, 독일 제4집단군이 비스와 강 도하를 강행하자 폴란드 포모제집단군과 포즈난집단군은 바르샤바 방향으로 후퇴했다. 짧은 1주일 동안 독일 북부집단군은 전체 폴란드 회랑을 점령해 수도 바르샤바를 공격할 통로를 터놓았다.

룬트슈테트 장군이 지휘하는 제8 · 10 · 14 집단군으로 구성된 독일 남부집단군은 폴란드 서남쪽 카르파티아 산을 따라 상부 슐레지엔까지 세 갈래로 나누어 공격했다.

라이헤나우 장군이 이끄는 독일 제10집단군은 폴란드 우치집단군과 크라쿠프집단군의 방어선 우익을 공격했는데, 이튿날 곧 두 집단군의 방어선을 돌파했다. 또한 돌파구를 따라 우치집단군의 후방으로 우회해 블라스코비츠 장군이 지휘하는 제8집단군과 함께 포즈난성 남부를 점령하고, 곧장 우치 시에 다다랐다.

리스트 장군이 이끄는 독일 제14집단군은 3일 만에 비스와 강 상류를 건너 크라쿠프 시를 공격했다. 9월 6일, 상부 슐레지엔과 크라쿠프 시를 점령하고 곧이어 산(San) 강 일대로 진격했다.

이리하여 독일 남부집단군은 일주일 동안 폴란드 서남쪽 각 집단군의 방어선을 돌파했고, 독일군 선두부대는 비스와 강과 바르샤바 지역에 이르렀다.

전쟁이 시작된 첫 주말에 폴란드 각 집단군은 모두 막대한 피해를 입었고 방어선을 재구축할 힘마저 잃었다. 9월 7일, 폴란드군 총사령관 리츠-시미그위 원수 및 그 사령부는 브레스트 요새로 숨어 들어갔다.

최고사령부와 연락이 끊긴 폴란드군은 큰 혼란에 빠졌다. 9월 8일, 독일군은 두 갈래로 나누어 폴란드 중부 지역과 수도 바르샤바를 공격했다. 11일, 독일 북부집단군은 바르샤바에서 30여km밖에 떨어지지 않은 브레스트 철도를 점령했고, 남부집단군은 바르샤바 근교에 도착했다.

9월 14일, 독일군은 비스와 강 일대에서 서북쪽으로부터 후퇴해 내려오던 폴란드 기본 병력을 섬멸하고 폴란드 중부 지역을 점령함으로써 수도 바르샤바를 반 정도 포위했다.

9월 17일, 독일 남 · 북부 집단군은 바르샤바에서 동쪽으로 200km 떨어진 브레스트-리토프스크 부근에서 합류했다.

폴란드가 생사존망의 위기에 처한 그 시각, 폴란드 정부의 수뇌는 9월 17일 황급하게 루마니아로 도망치는 동시에 폴란드의 저항이 끝났음을 선포했다.

폴란드 정부 수뇌가 도망친 당일, 소련 외무장관 몰로토프는 폴란드 내에 있는 우크라이나인과 벨라루스인들을 독일군의 탄압에서 보호하기 위해 소련군이 국경을 넘어 폴란드 동부 서우크라이나와 서벨라루스 지역으로 진입할 것이라는 성명을 냈다.

9월 19일, 독일군이 바르샤바를 향해 총공격을 개시했다. 바르샤바 12만 수비군과 시민들은 룸멜 장군의 지휘 아래 도시 중심에 진지를 쌓고, 바리케이드를 설치하며, 전차를 막기 위한 도랑을 파는 등 독일군의 공격을 끝까지 막아내려 했다.

독일군이 바르샤바 성 가까이 접근했을 때, 포위된 바르샤바 군민들은 불을 붙인 로진유 통을 적군에게 던지는 등 필사적으로 방어해 독일군의 공격을 저지했고, 9월 21일 바르샤바를 점령하려던 히틀러의 계획은 뜻대로 되지 않았다.

이에 대노한 히틀러는 9월 24일부터 바르샤바에 무차별 폭격을 가하라고 공군에 명령했다. 독일군의 공습으로 바르샤바는 물, 전기, 가스가 완전히 끊기고 도시 전체가 불바다로 변했다.

독일군에 포위된 바르샤바의 군민들은 절망적 상황에 직면했다. 9월 26일, 독일군의 전차와 보병 부대가 더욱 맹렬한 공격을 퍼부었다. 이런 절박한 상황에서 수비군 사령관 룸멜 장군은 휴전을 요구할 수밖에 없었다.

9월 28일, 독일군이 폐허가 된 바르샤바에 입성했다. 바르샤바 12만 수비군은 저항을 멈추었고 룸멜 장군과 휘하 장병들은 모두 포로가 됐다. 이로써 폴란드 전체가 독일군에 점령됐다.

바르샤바가 점령당한 뒤에도 포위된 일부 폴란드 군민의 산발적인 저항이 이어졌다. 단치히 이북 헬 반도에 포위된 일부 폴란드군은 10월 2일까지 저항을 계속했다.

독일군이 폴란드를 점령한 후 나치 친위대 특별 토벌대와 경찰이 잇달아 쳐들어와 대학살을 자행했다.

1939년 10월 8일, 히틀러는 포즈난 성, 우치 성 및 키엘체 성 일부가 독일에 병합됐음을 선포했다. 남은 점령 지역에는 폴란드 '총독부령'을 설치하고 히틀러가 위임한 프랭크 총독이 관할하기로 했다.

폴란드를 점령한 후, 독일은 영 · 프의 기대와 달리 소련을 공격하지 않고, 영 · 프가 독일에 대해 '가짜 전쟁'을 벌이는 사이, 비밀리에 독일군을 폴란드 전선에서 서쪽으로 이동시켜 영 · 프를 공격하려 했다.

1940년 2월, 히틀러는 전략적인 이유로 영 · 프를 공격하기 전에 먼저 북유럽 스칸디나비아 반도의 전략적 요충지를 점령하기로 하고, 4월 9일, '베저위붕 작전'이라 명명된 북유럽의 덴마크, 노르웨이 침공을 개시했다.

제2차 세계대전 초기, 히틀러는 유럽 대륙 서부전선에서 결정적인 승리를 거둔 후 소련 침공 준비를 가속화해 소련 침공 '바바로사' 작전을 수립하고 전격전으로 소련을 격파하고자 했다. 1941년 6월 22일, 히틀러는 190개 사단의 방대한 병력을 동원해 세 갈래로 나누어 소련에 대한 전면 공격을 개시했다. 소련 군민은 스탈린을 비롯한 최고사령부의 지휘 아래 방어전을 펼쳐 독일 파시즘의 침략을 물리쳤고, 끝내 전쟁에 광분한 독일군의 매서운 공격을 막아냄으로써 뒤이은 전면 반격전에서 유리한 위치에 서게 된다.

그림으로 읽는 제2차 세계대전 ❸

동유럽전쟁의 발발

독일의 소련 침공

2

히틀러의 소련 침공은 오래된 음모였다. 그는 자서전『나의 투쟁』에 분명하게 "무조건 계속해서 동쪽으로 진격해야 한다. 반드시 러시아를 유럽 국가 명단에서 없애야 한다!"라고 밝히고 있다.

동 · 서 양쪽에서 동시에 전쟁을 치르지 않기 위해 히틀러는 줄곧 타협과 양보로 일관하는 영 · 프에 먼저 손을 쓰기로 결정하고, 소련과 영 · 프의 외교적 · 군사적 갈등을 한껏 이용했다. 1939년 8월 23일, 히틀러는 소련과 영 · 프의 관계를 더욱 갈라놓으려는 목적으로 '독소상호불가침조약'을 체결했다.

조약 체결 후, 히틀러는 비밀리에 폴란드 침공을 준비하고, 1939년 9월 1일, 전격전으로 폴란드를 기습 침공했다. 영 · 프는 자국의 이익을 위해 폴란드와 공수 동맹을 맺었기 때문에 대독 선전 포고는 했으나 사실상 아무런 행동도 취하지 않았다.

히틀러는 "서쪽에서는 전쟁하지 않는다"라는 거짓 정보를 퍼뜨리고, 한편에서는 영 · 프가 유화 정책을 펴고 있을 때 비밀리에 독일군을 폴란드에서 서부전선으로 이동시켰다. 1940년 4월, 독일군은 서부전선에서 대규모 공격을 감행해 두 달 만에 연달아 북유럽의 덴마크, 노르웨이와 뒤이어 네덜란드, 벨기에, 룩셈부르크, 프랑스까지 점령했다.

서부전선에서 연이어 승리를 거둔 히틀러는 소련을 침공할 시기가 다가왔다고 판단해 다시 동부전선으로 방향을 돌려 소련의 광대한 국토와 재부(財富)를 탐냈다.

1940년 7월 21일, 즉 독일이 프랑스를 점령하고 두 달 뒤, 히틀러는 브라우히치 육군 총사령관에게 소련 침공 준비를 명령했다.

7월 22일, 브라우히치는 육군 총참모장 할더 장군에게 '대러시아 작전'을 실행할 다양한 방책을 전면적으로 검토하도록 지시했다.

할더 장군은 히틀러가 신임하는 소련 국경 부근에 주둔하고 있던 제18집단군 참모장 마르크스 장군을 총사령부로 특별히 전임시켰다. 7월 29일, 베르그호프에서 가진 독일군 최고사령부회의에서 히틀러는 자신만만하게 "반드시 빠른 시일 내에 러시아를 점령할 것"임을 선언하고, 할더와 마르크스에게 구체적인 대소 작전 방안을 수립하라고 명령했다.

독일 최고사령부 작전부장 요들 장군과 육군 부참모장 파울루스 장군이 참여한 가운데 수차례 논의한 끝에 마침내 소련 침공 계획이 완성됐다. 독일군은 북부, 중부, 남부 3개 집단군을 조직하고 세 갈래로 나누어 레닌그라드, 모스크바, 키예프를 공격하기로 하고, 중점은 모스크바에 두기로 했다.

12월 5일, 히틀러는 소련 침공 계획을 비준하면서 전쟁이 시작되면 소련 국경 지역에서 소련군을 최대한 소탕하는 한편 소련군이 계획적으로 후퇴하지 못하도록 막으라고 지시했다.

소련 침공 계획의 실현 가능성을 검증하기 위해 독일군 최고사령부는 독일 내 검은 숲 지역에서 대규모 실전 훈련을 실시했다.

이와 함께 독일 육군 총참모부는 전문적으로 고급 장성들만 참가하는 연구회를 열었는데, 회의 참가자들은 하나같이 소련을 격파하는 데는 8주 내지 10주면 충분하다고 여겼다.

1940년 12월 18일, 히틀러는 정식으로 '바바로사' 제21호 소련 침공 작전 지령을 내리고, 한 달 반 내지 두 달 안에 전쟁을 승리로 이끌어야 하며 준비 작업은 반드시 1941년 5월 15일 전에 끝마쳐야 한다고 명령했다.

바바로사 작전에 따르면 독일군의 소련 침공은 2단계로 진행되는데, 1단계는 먼저 소련 서부 군부 부대를 소탕한 후 공군의 엄호를 받으며 전차를 앞세워 동쪽으로 진격하는 것이고, 2단계는 독일 예비군으로 아르한겔스크와 아스트라한을 점령하고 나아가 소련 전체를 점령하는 것이었다.

히틀러는 소련 침공 전략에 각종 위장과 기만 수단을 동원했다. 여론을 조성해, 대규모의 독일군이 소련 서부 국경으로 이동한 것은 영국 침공 전에 동부에서 휴식 및 정비를 하기 위한 것이라고 하며 소련을 속이려 했다.

또한 독일군 내에서 영국 지도를 대량으로 인쇄, 배부하고 영문 번역 인력을 배치하는 한편 영국 해협 연안에 상륙 선박을 집결시켜 상륙 훈련을 하면서 독일군이 영국 해협을 건너 영국에 상륙하려 한다는 가짜 시나리오를 만들었다.

독일 신문도 이에 협조해 소련에 대한 공격과 중상을 멈춤으로써 소련과 전 세계를 회유하려 했다.

'대거 영국 침공'이라는 연막전술을 펼치며 독일군은 대규모의 병력을 비밀리에 동부전선으로 수송했다. 독일 철도 운송 기관은 날마다 군용 열차를 100여 차례 정도 운행해, 부대와 무기, 탄약을 소련 국경으로 날랐다.

1941년 2월 초, 할더는 히틀러에게 "제1진 부대가 국경 집결 지역에 진입하는 중입니다. 소련 침공 준비가 거의 끝나갑니다"라고 보고했다.

베를린 번화가의 한 사진관에는 유럽전쟁이 시작되면서부터 히틀러의 대형 사진과 함께 위쪽에 커다란 지도를 진열대에 걸어놓았는데, 행인들은 지도만 보면 전쟁이 어느 방향으로 진행되는지를 알 수 있었다. 소련 전체 서부 지역을 포함한 동유럽 지도가 걸려 있는 것을 보고 사람들은 독일군의 공격 목표가 소련임을 바로 알 수 있었다.

1941년 3월, 독일이 소련 침공 준비를 거의 마쳐 갈 무렵, 유고슬라비아 국내에서 3월 27일자로 군사 정변이 일어나 친독 괴뢰 정부가 전복되면서 독일군의 계획에 차질이 생겼다.

유고슬라비아의 정변이 바바로사 소련 침공 계획에 위협이 된다고 여긴 히틀러는 '무자비하고 단호하게' 유고슬라비아를 처벌해야 한다면서 즉시 요들 작전부장에게 유고슬라비아 침공 계획을 세우라고 명령했다.

1941년 4월 6일 아침, 독일군은 압도적으로 우세한 병력을 이끌고 유고슬라비아와 그리스로 진격해 보름 만에 두 국가를 점령했다. 발칸 반도는 독소전쟁의 남방 기지가 됐다.

히틀러는 소련 침공 시기가 무르익었다고 보아, 최고사령부회의에서 바바로사 계획을 6월 22일자로 개시할 것임을 선포하고, 3군 사령관들과 함께 북극해부터 흑해에 이르는 수천 km 전선에서 벌어질 다양한 공격 작전의 세부 부분들을 검토했다.

1941년 6월 21일, 독일 최고사령부는 소련 침공 부대에 '도르트문트 신호'를 보냈다. 바바로사 작전은 이 신호에 따라 실행하기로 약속돼 있었으며, 이에 따라 동부전선 독일군은 신속하게 소련 침공 위치로 이동했다.

당일, 히틀러는 직접 바바로사 작전의 위용을 실감하고자 전용차에 앉아 베를린에서 동프로이센 라슈텐부르크 부근의 지휘부로 갔다.

같은 날, 독일 전차부대 최전선 지휘관 구데리안 장군도 소련과 독일 국경에 있는 부크 강 서쪽 기슭에 도착했다. 전신 무장한 독일 장병과 위장한 대포, 전차를 둘러본 구데리안은 매우 흡족해했다.

여전히 군악에 맞춰 훈련하고 있는 부크 강 맞은편의 소련군 병사들만 보이고, 연안 진지를 지키는 병사가 없는 것을 확인한 구데리안은 소련군이 아직 자신들이 위험한 상황에 처했음을 깨닫지 못했다고 여겼다.

그러나 소련군이 이런 상황을 아예 모르고 있었던 것은 아니었다. 6월 21일 저녁 10시, 주코프 소련군 총참모장은 푸르카예프 키예프 특별군부 참모장으로부터 독일군 사무장 1명이 소련 변방 부대에 귀순해 독일군이 이튿날 소련을 공격할 것이라고 진술했다는 보고를 받았다.

당일 저녁 12시, 주코프는 또다시 키르포노스 키예프 군부 사령관에게서 독일군 제74사단 제222연대 병사 1명이 부크 강을 건너 귀순해 독일군이 22일 새벽 4시에 공격을 개시할 것이라고 말했다는 보고를 받았다.

주코프는 신속히 상술한 상황을 스탈린에게 보고했다. 그러나 스탈린은 독일이 '독소불가침조약'을 어기고 소련을 공격하지 않을 것이며, 귀순자는 독일 장군 하나가 전쟁을 일으키기 위해 보낸 것이라 오판했으므로 소련은 여전히 태평스러웠다. 키예프 특별집단군부 제6집단군 제8기계화군단의 주말 연회 또한 늘 하던 대로 활기차게 진행됐다.

벨라루스 수도인 민스크 장교 클럽에는 소련 서부 군부 장병들이 모여 한여름의 뜨거운 밤을 보내고 있었으며, 무대에서는 한창 코르네이추크의 희극을 상연하고 있었다.

바로 그 시각, 소련 국경을 몰래 넘어온 독일 병사들이 초소병을 죽이고 통신 선로를 끊었으며 대부대가 부크 강을 도하하는 데 필요한 평저선(平底船)을 강에 띄웠다.

한 소련 정보 군관이 민스크 장교 클럽으로 달려가 연극 관람 중이던 파블로프 서부 군부 사령관에게 국경에서의 이상 징후를 보고했지만, 파블로프는 이를 믿지 않고 계속 주말을 즐겼다.

이때 크렘린 궁전에서도 부크 강 동쪽 기슭에 주둔한 부대로부터 독일 쪽에서 발동기 소리가 급증했다는 보고를 받았다. 그리고 브레스트 서북쪽 그로드노에서는 독일군이 자신들이 설치한 철조망을 끊어버리고 통로를 열었다는 소식이 전해졌다.

소련 국경은 초긴급 상황이 됐다. 6월 22일 새벽 0시 30분, 즉 독일군이 소련을 침공하기까지 3시간여밖에 남지 않은 시각에 소련 총참모부는 국경 부대에 전투 준비 명령을 내렸다.

6월 22일 새벽 2시, 독일 진지에 있던 대포 6천 문의 위장막이 벗겨졌다. 수백만에 이르는 독일군은 만반의 준비를 마치고 소련 침공 명령만 기다리고 있었다.

22일 새벽 4시, 독일군의 각종 구경의 대포 수천 문이 소련 진지를 향해 일제히 불을 뿜었다.

동시에, 독일군 비행기 천여 대도 키예프, 민스크, 카우나스 등 도시의 상공에서 대량의 폭탄을 투하했다.

독일군 전차 수천 대는 공군의 엄호를 받으며 소련 국경을 향해 돌진했다. 독일 비행기의 굉음 소리와 전차의 엔진 소리가 여명 전의 고요함을 깨뜨렸다.

독일에 협력해 소련을 공격하는 군대에는 당시 독일의 위성국인 루마니아, 핀란드, 이탈리아, 헝가리 등의 군대도 포함돼 있었다.

독일군이 공격을 개시하자 주코프 소련군 총참모장은 신속하게 스탈린에게 상황을 보고하고 즉시 반격해야 한다고 건의했으나, 스탈린은 주코프와 티모셴코 국방장관을 크렘린 궁전으로 불러들여 대책을 논의하기로 했다.

새벽 4시 30분, 전체 정치국 위원 및 주코프, 티모셴코 등이 스탈린 집무실에 모이자 스탈린은 우선 독일 대사관에 전화를 걸어 상황을 알아본 후에 다시 결정하기로 했다.

슐렌부르크 주소련 독일 대사는 전화를 받고 소련 지도자 및 몰로토프 외무장관과 면담할 것을 요구했다.

22일 새벽 5시 30분, 즉 독일군이 소련을 침공하고 한 시간 반이 흐른 뒤, 슐렌부르크 독일 대사가 크렘린 궁전의 몰로토프 사무실로 찾아왔다. 그는 독일 정부의 성명을 건네며 소련이 독일에 '위협'되므로 부득이하게 군사적으로 대응하는 방법을 택했다는 궤변을 늘어놓고, 정식으로 대소련 선전 포고를 했다.

거의 같은 시각, 리벤트로프 독일 외무장관은 데카노조프 주독일 소련 대사를 불러 방귀 뀐 놈이 성내는 식으로 "러시아 병사가 독일 국경에 침입했으므로 독일군이 할 수 없이 군사조치를 취한 것뿐"이라고 말하고, 자신은 이러한 조치에 반대한다면서 계속 소련을 속이려 했다.

슐렌부르크 주소련 독일 대사를 만난 몰로토프는 급히 스탈린에게 독일 정부가 정식으로 대소련 선전 포고를 했다고 보고했다. 주코프는 즉시 반격을 가해 독일군의 진격을 막자고 건의했고, 그제야 스탈린은 "명령을 내리시오!"라고 단호하게 말했다.

독일군은 바바로사 작전에 따라 190개 사단 병력, 전차 3천7백여 대, 비행기 5천여 대로 구성된 전례 없는 방대한 전력으로 광활한 독 · 소 전선에서 북 · 중 · 남 세 갈래로 나누어 소련을 맹공격했다.

독일 북부집단군은 레프 원수의 지휘 아래 2개 집단군과 1개 기갑집단군을 거느리고 동프로이센의 수바우키에서 출발해 노먼 강을 건너 발트 해 연안 지역 소련군을 소탕한 후 레닌그라드를 함락하기로 했다.

독일 중부집단군은 보크 원수의 지휘 아래 휘하 3개 집단군과 2개 기갑집단군을 거느리고 크라스놀레셰의 벌판에서 브레스트까지 전 구간을 진격해 나가 벨라루스의 수도 민스크를 함락한 후 스몰렌스크, 더 나아가 모스크바까지 점령하기로 했다.

독일 남부집단군은 룬트슈테트 원수의 지휘 아래 3개 집단군과 1개 기갑집단군을 거느리고 프리피야트 습지대와 카르파티아 산 사이에서 갈리시아로 진입해 바로 우크라이나의 수도 키예프에 쐐기를 박기로 했다.

독일군 최고사령부는 거의 절반 남짓한 비행기를 동원해 전쟁 개시 수 시간 만에 소련 국경 군부의 비행장 66개소와 비행기 1천2백 대를 파괴했다. 소련도 비행기를 6천여 차례 출격해 적기 2백여 대를 격추시켰으나, 독일 공군의 기습 공격으로 인해 열세에 처했고 막대한 피해를 입었다.

독일군의 무차별 폭격에 의해 소련 서부의 주요 도시, 교통 요충지, 육해공 군사 기지, 부대 병영 등은 모두 심각하게 파괴됐다.

6월 22일 낮 12시, 이와 같은 위급한 정세에 몰로토프가 당과 정부를 대표해 방송으로 조국의 영토, 주권, 명예, 자유를 지키기 위해 모두가 일치단결해 '조국 수호 전쟁'에 뛰어들 것을 호소했다.

같은 날, 소련 국방부는 발트 해 연안, 서부 지역, 키예프 3개 특별군부를 각각 쿠즈네초프 상장이 지휘하는 서북방면군, 파블로프 대장이 지휘하는 서부방면군, 키르포노스 상장이 지휘하는 서남방면군으로 개편하기로 결정했다.

그날 저녁 9시 15분, 소련 국방부는 각 방면군에 반격 명령을 내렸으나 여전히 독일군의 공세를 막아내지 못했다. 이날 하루 동안, 독일군은 소련 경내 25~50여km 되는 곳까지 밀고 들어왔다.

24일, 소련 국방부는 독일군의 공세에 맞춰 레닌그라드 군부를 북부방면군으로 개편하고 사령관에 포포프 중장을 임명했다. 25일에는 남부방면군을 새롭게 구성하고 튤레네프 대장을 사령관으로 임명했다.

독일 북부집단군은 레프 원수의 지휘 아래 제16 · 18 집단군과 제4기갑집단군을 거느리고 22일에 메멜 강을 건넜으며 24일 나바흐루다크에 도착했다.

소련 서북방면군은 신속하게 병력을 재배치했는데, 제3기계화군단을 파견해 2개 사단의 병력으로 독일군 제4기갑집단군을 타격함으로써 세베로드빈스크에서 적군에 강력한 위협을 가하려 했다.

그러나 소련 서북방면군 각 부대 간의 연락이 끊겨 상호 공조 · 협동 작전을 펼칠 수 없었으므로, 6월 말이 되자 독일군은 다우가바 강에까지 이르렀다.

보크 장군이 이끄는 독일군 중부집단군은 제2 · 3 기갑집단군을 선두로 하여 소련 서부방면군의 좌우 양익 방어선을 돌파하고, 6월 26일, 벨라루스의 수도 민스크에 다다랐다.

룬트슈테트 장군이 이끄는 독일 남부집단군은 3개 집단군, 1개 기갑집단군을 거느리고 소련 국경을 넘어 6월 23일에 루츠크와 로브노 일대를 공격했다.

남부전선에 주둔하고 있던 소련 서남방면군은 6개 기계화군단과 3개 보병군단으로 루츠크, 로브노 일대에서 독일군과 7일 밤낮의 격전을 벌였다. 소련군의 탄알과 식량이 모두 바닥나고 나서야 독일군은 겨우 지토미르에 쳐들어가 키예프를 직접적으로 위협하게 됐다.

소련 군대는 북부, 중부, 남부 세 방향에서 용감하게 독일군의 공격을 막아냈다. 6월 하순, 전쟁 상황은 여전히 소련군에 불리했다. 6월 30일, 소련은 스탈린을 위원장으로 하는 국방위원회를 구성해 전시 모든 상황을 지휘하기로 했다.

7월 3일, 스탈린은 방송에서 사회주의 조국을 수호하기 위해 마지막 한 방울의 피까지 흘릴 것을 국민 모두에게 호소했다.

조국 수호를 위해 모스크바, 레닌그라드, 키예프 등지의 수백만 군중은 너도나도 앞다퉈 군대에 자원했는데, 9일 동안 530만 명이 입대했다.

소련 후방에서도 군중들은 각자의 전선에서 밤낮으로 쉬지 않고 일했다. "모든 것은 전선을 위해, 모든 것은 승리를 위해"는 수많은 군민의 신념과 자발적인 행동으로 나타났다.

독일 점령 지역에서도 소련 국민은 남녀노소를 막론하고 유격대와 지하 전투 세력을 조직해 적후 비행장과 진지를 파괴하고, 독일군의 병참선을 차단하며, 교량을 폭파하고, 적의 예비군을 공격함으로써 독일군을 불안에 빠뜨렸다.

7월 10일, 소련군은 최고사령부로 개편하고 스탈린이 최고사령관을 맡아 각 방면군이 작전을 통일적으로 수행할 수 있도록 지휘하기로 했다. 또한 전 국민이 더한층 힘차게 일어나 독일군의 침입에 저항하게 됐다.

당일, 소련 최고사령부는 적과 맞서는 방향에 따라 보로실로프를 총사령관으로 한 서북방면군 지휘부, 티모셴코를 총사령관으로 한 서부방면군 지휘부, 부둔니를 총사령관으로 한 서남방면군 지휘부 등 3개 지휘부를 구성했다.

7월 중순, 독일 북부집단군은 계속 레닌그라드 방향으로 진격하고, 중부집단군은 스몰렌스크 방향으로, 남부집단군은 키예프, 도네츠 방향으로 전진했다. 형세는 여전히 소련군에게 매우 불리했다.

전략적으로 중요한 스몰렌스크 일대에서 독일 중부집단군의 전차부대가 드네프르 강을 도하해 이 지역을 위협했다.

스몰렌스크는 모스크바에서 370km밖에 떨어지지 않은 곳으로 모스크바로 통하는 길목이었다. 7월 14일, 수도의 안전을 위해 소련 최고사령부는 6개 집단군을 포함한 예비방면군을 조직해 스몰렌스크 방어전에 투입했다.

스몰렌스크 도심에서 소련군은 명령대로 '총체적 방어' 태세를 취했고, 도시의 모든 청장년 민병들은 수비부대 지원을 준비했다.

7월 16일, 독일군이 스몰렌스크에 쳐들어오자 주민들은 죽음을 무릅쓰고 적군과 치열한 시가전을 벌였다. 하나의 거리, 한 개의 건물을 점령할 때마다 독일군은 커다란 대가를 치러야 했다. 그러나 적군과의 현저한 역량 차이로 스몰렌스크는 끝내 독일군에 점령됐다.

7월 18일, 스몰렌스크를 탈환하기 위해 소련 최고사령부는 3개 집단군을 소집하고 예료멘코를 총사령관으로 하는 브랸스크방면군을 재구성해 전투에 투입했으며, 동시에 티모셴코가 이끄는 서부방면군의 병력을 강화해 반격에 나섰다.

7월 23일부터 25일까지 반격에 나선 소련군이 스몰렌스크를 탈환하지는 못했으나 독일군의 진격을 저지시킴으로써 독일 중부집단군이 잠시 방어태세를 취하게 만들었다.

독일군이 저지당하자, 8월 초 직접 전선에 나간 히틀러는 중부집단군 제2기갑집단군이 남하해 남부집단군을 도와 키예프를 점령하고, 제3기갑집단군은 북상해 북부집단군을 도와 레닌그라드를 공격하라고 명령했다.

7월 11일, 독일군은 남부전선의 키예프 지역에서 소련군의 거센 저항에 부딪혀 한 달여간 격전을 치러야 했다.

키예프의 시민 20만여 명은 가까운 지점에서 멀리까지 방어진지를 구축하는 데 참여했고, 7만여 명은 민병에 들어갔으며, 공산당원 3만여 명은 전선에 나가 소련 정규군과 함께 독일 침략군에 대항했다.

키예프 민병 조직의 완강한 저항으로 독일군은 5일간의 격전을 치르며 막대한 사상을 내고서야 9월 19일, 키예프를 점령했다.

9월 29일, 독일 남부집단군은 계속 진격해 10월 17일에 타간로크를, 11월 23일에 캅카스의 문호인 로스토프를 점령했다. 그러나 로스토프는 5일 뒤 소련군에 의해 탈환됐고, 이로 인해 독일 남부집단군 사령관 룬트슈테트가 면직됐다.

8월 21일, 독일 북부집단군은 노브로로드를 기습 공격하고 뒤이어 추도보를 함락했다.

8월 25일, 독일군은 추도보에서 레닌그라드를 향해 공격을 개시했다. 29일, 독일군 일부 병력이 므가를 거쳐 실리셀부르크로 갑자기 진입해 육로를 통해 레닌그라드를 봉쇄했다.

히틀러는 공개적으로 9월 1일 전에 레닌그라드를 점령할 것이라고 말하며 "지도에서 이 도시를 아예 지워버릴 것"이라고 큰소리쳤다. 그러나 용감한 레닌그라드 군민은 죽음을 무릅쓰고 독일군의 수차례 공격을 물리침으로써 끝까지 도시를 자신들의 수중에 움켜쥐었다.

독일군의 공격이 남부, 북부, 중부 세 방향에서 모두 소련 군민에 의해 저지됨에 따라 히틀러는 전면 공격에서 중점 공격으로 작전을 바꾸었고, 그 목표를 모스크바로 정했다. 소련 군민은 수도를 방어하고 침략자를 물리치기 위해 곧이어 전 세계가 놀랄 모스크바 전투를 치르게 된다.